CANTIQUES

A L'USAGE

DES RETRAITES ET MISSIONS

Que sert à l'homme de gagner l'univers, s'il vient à perdre son âme ?

(*Parole de N.-S.*)

TOURS

IMPRIMERIE A. MAME

1864

RÈGLEMENT

POUR LES TEMPS DE RETRAITES ET MISSIONS

I. *Le matin.* 1° A son réveil, faire le signe de la croix, et dire trois fois: *Mon Dieu, je vous demande la grâce de,* etc. etc. *Mon Dieu, pardonnez-moi mes péchés; je veux me convertir et vous servir toute ma vie.* — 2° Se rendre ensuite à l'église au son de la cloche, pour entendre avec piété la sainte Messe et l'instruction.

II. *Pendant la journée.* Offrir son travail à Dieu avant de le commencer; élever son cœur à Dieu en travaillant, par quelques aspirations courtes mais ferventes: *Mon Dieu, ayez pitié de moi! je veux me convertir! Que serais-je devenu sans cette mission?* etc. — Se souvenir de ce qu'on a entendu dans les instructions, en parler en famille, éviter toute dissipation, et se tenir, autant que possible, dans le recueillement et le silence, afin *que Dieu puisse parler au cœur.*

III. *Le soir.* Se rendre à l'église au son de la cloche, pour le chant des cantiques, la Prière, l'Instruction et la Bénédiction du saint Sacrement; assister à tous ces exercices avec la plus grande piété; sortir avec le plus profond recueillement, et réciter en se couchant la même prière que le matin au réveil. (*Il serait bon de faire cette prière en famille.*)

AVIS IMPORTANT

I. Offrir à Dieu toutes ses prières et toutes ses bonnes œuvres: 1° pour sa propre conversion; — 2° pour la conversion des pécheurs; — 3° pour les âmes du purgatoire.

II. Se souvenir que les deux actions les plus importantes sont la *confession* et la *communion*, et qu'il faut s'y préparer avec le plus grand soin. Pour cela il faut surtout s'exciter à la *contrition* de ses péchés. Les seules marques de véritable contrition sont: 1° de se corriger de ses défauts; — 2° d'éloigner l'occasion du péché; — 3° de restituer le bien mal acquis; — 4° de se réconcilier sincèrement avec le prochain.

III. Le meilleur moyen d'attirer sur soi les grâces de Dieu étant de travailler à la conversion des pécheurs, il faut sans cesse prier pour eux et s'efforcer de les ramener à Dieu par tous les moyens que peut suggérer un zèle prudent et plein de douceur. (Ainsi on peut, à leur intention, faire brûler un cierge devant l'autel de la sainte Vierge, réciter le chapelet, jeûner, faire l'aumône, le chemin de la croix, etc.)

IV. Pour gagner l'indulgence plénière attachée à ces saints exercices, il faut: 1° se confesser; — 2° communier; — 3° entendre autant d'instructions que possible (on gagne 200 jours d'indulgences à chaque instruction); — 4° visiter l'église où l'on prêche et y prier aux intentions du souverain Pontife; — 5° assister à la bénédiction papale que donne le missionnaire avec la croix à la fin des exercices.

Les cantiques spirituels sont un excellent moyen pour entretenir la piété et ranimer la ferveur. Ils nous rappellent ce que la religion a de plus touchant dans ses mystères, de plus consolant ou de plus terrible dans les vérités qu'elle nous enseigne; ils sont aussi l'expression des sentiments de crainte et d'amour, de respect et de confiance, dont nous devons être pénétrés envers le Seigneur. Voilà pourquoi l'Apôtre saint Paul, dans son Épître aux Éphésiens, ch. 5, v. 19, disait aux premiers fidèles : « Remplissez-vous du Saint-Esprit, vous entre-« tenant de psaumes, d'hymnes et de cantiques « spirituels, chantant et psalmodiant du fond de « vos cœurs à la gloire du Seigneur. » Et dans l'Épître aux Colossiens, ch. 3, v. 16 : « Instruisez-vous « et exhortez-vous les uns les autres par des psau-« mes, des hymnes et des cantiques spirituels, « chantant de cœur avec édification les louanges « du Seigneur. »

Ames chrétiennes, soyez dociles aux exhortations du grand Apôtre, et faites un fréquent usage des cantiques contenus dans ce petit recueil; vous y trouverez un délassement au milieu de vos travaux et un aliment solide pour votre piété.

CANTIQUES

A L'USAGE

DES RETRAITES ET MISSIONS

N° 1. — POUR LE JOUR D'OUVERTURE.

Un Dieu vient se faire entendre;
Cher peuple, quelle faveur!
A sa voix il faut vous rendre;
Il demande votre cœur.

REFRAIN.

Accourez, peuple fidèle;
Venez à la mission;
Le Seigneur, qui vous appelle,
Veut votre conversion.

Dans l'état le plus horrible
Le péché vous a réduits,
Mais, à vos malheurs sensible,
Vers vous Dieu nous a conduits.
Accourez, etc.

Sur vous il fera reluire
Une céleste clarté;
Dans vos cœurs il va produire
Le feu de la charité.
Accourez, etc.

Hélas! trop longtemps le crime
Eut à vos yeux des attraits;
Qu'un saint désir vous anime,
Renoncez-y pour jamais.
Accourez, etc.

Loin de vous toute injustice,
Loin toute division;
Que partout se rétablisse
La concorde et l'union.
Accourez, etc.

Sans tarder, changez de vie,
Sur vos maux pleurez, pécheurs:
C'est Dieu qui vous y convie,
N'endurcissez pas vos cœurs.
Accourez, etc.

Ah! Seigneur, qu'enfin se fasse
Ce précieux changement;
Dans les cœurs, par votre grâce,
Venez agir fortement.
Accourez, etc.

Brisez, ô Dieu de clémence,
Leur coupable dureté;
Qu'une sainte pénitence
Lave leur iniquité.
Accourez, etc.

Pour une retraite on chantera le refrain ainsi qu'il suit:

Accourons à la retraite;
Voici les jours du Seigneur;
Quand sa bonté nous appelle
Ne fermons point notre cœur.

N° 2. — AVANT LE SERMON.

Esprit saint, descendez en nous, (*bis.*)
Embrasez notre cœur de vos feux les plus doux.
CHŒUR. — Esprit saint, etc.

Sans vous notre vaine prudence
Ne peut, hélas! que s'égarer.
Ah! dissipez notre ignorance,
Esprit d'intelligence,
Venez nous éclairer.
CHŒUR. — Esprit saint, etc.

Le noir enfer, pour nous faire la guerre,
Se réunit au monde séducteur;
Tout est pour nous embûches sur la terre;
Soyez, soyez notre libérateur.
Chœur. — Esprit saint, etc.

Enseignez-nous la divine sagesse,
Seule elle peut nous conduire au bonheur;
Dans ses sentiers qu'heureuse est la jeunesse!
Qu'heureuse est la vieillesse!
Chœur. — Esprit saint, etc.

N° 3. — MÊME SUJET.

Esprit saint, Dieu de lumière,
O vous que nous invoquons!
Venez des cieux sur la terre, } *bis.*
Comblez-nous de tous vos dons. }

Accordez-nous cette sagesse
Qui ne cherche que le Seigneur;
Que notre étude soit sans cesse
De lui soumettre notre cœur.
Esprit saint, etc.

N° 4. — IMPORTANCE DU SALUT.

Travaillez à votre salut;
Quand on le veut, il est facile;
Chrétiens, n'ayez point d'autre but:
Sans lui tout devient inutile.

REFRAIN.

Sans le salut, pensez-y bien,
Tout ne vous servira de rien.

Oh! que l'on perd en le perdant!
On perd le céleste héritage:
Au lieu d'un bonheur si charmant,
On a l'enfer pour son partage.
Sans le salut, etc.

Que sert de gagner l'univers,
Dit Jésus, si l'on perd son âme,

Et s'il faut, au fond des enfers,
Brûler dans l'éternelle flamme?
Sans le salut, etc.

Rien n'est digne d'empressement,
Si ce n'est la vie éternelle;
Tout le reste est amusement,
Tout n'est que pure bagatelle.
Sans le salut, etc.

C'est pour toute une éternité
Qu'on est heureux ou misérable;
Que devant cette vérité
Tout ce qui passe est méprisable!
Sans le salut, etc.

Grand Dieu! que tant que nous vivrons
Cette vérité nous pénètre!
Ah! faites que nous nous sauvions,
A quelque prix que ce puisse être.
Sans le salut, etc.

N° 5. — RETOUR DU PÉCHEUR.

REFRAIN.

Il en est temps, pécheurs,
Revenez au Seigneur. } *bis.*

C'est trop longtemps être rebelle
A la voix d'un Dieu souverain;
Aujourd'hui sa voix vous appelle,
Ah! que ce ne soit pas en vain.

Pour un plaisir si peu durable
Qu'on goûte dans l'iniquité,
Faut-il que ce maître adorable
De votre cœur soit rejeté!

C'est sa bonté qui vous fit naître;
Seul il mérite votre amour.
N'avez-vous de lui reçu l'être
Que pour l'offenser chaque jour?

Si vous suivez toujours du crime
Les faux et dangereux appas;

Craignez de tomber dans l'abîme
Qui se prépare sous vos pas.

Dans une paix qui vous abuse
Vous passiez vos jours malheureux;
Du démon la perfide ruse
Vous cache cet état affreux.

Dans cette triste léthargie
Savez-vous quel est votre sort?
Hélas! vous semblez plein de vie,
Mais devant Dieu vous êtes mort.

Quoi donc! toujours être insensible
Au péril de l'éternité!
Peut-on rien voir de plus horrible
Que votre insensibilité.

Que votre état est déplorable!
Ah! cessez de vous obstiner;
Voici le moment favorable
Où Dieu cherche à vous ramener.

Gémissant sur votre misère,
Le cœur pénétré de regrets!
Recourez à ce tendre père
Et n'aimez que lui désormais.

N° 6. — POUR LA PROCESSION AU CIMETIÈRE.

A la mort, à la mort,
Pécheur, tout finira;
Le Seigneur, à la mort,
Te jugera.

De profundis clamavi ad te, Domine, * Domine, exaudi vocem meam. A la mort, etc.

Fiant aures tuæ intendentes * in vocem deprecationis meæ. A la mort, etc.

Si iniquitates observaveris, Domine, * Domine, quis sustinebit? A la mort, etc.

Quia apud te propitiatio est, * et propter legem tuam sustinui te, Domine. A la mort, etc.

Sustinuit anima mea in verbo ejus, * speravit anima mea in Domino. A la mort, etc.

A custodia matutina usque ad noctem * speret Israel in Domino. A la mort, etc.

Quia apud Dominum misericordia * et copiosa apud eum redemptio. A la mort, etc.

Et ipse redimet Israel, * ex omnibus iniquitatibus ejus. A la mort, etc.

Requiem æternam dona eis, Domine, * et lux perpetua luceat eis. A la mort, etc.

N° 7. — SUR LE RESPECT HUMAIN.

REFRAIN.

Bravons les enfers,
Brisons tous nos fers,
Sortons de l'esclavage;
Unissons nos voix,
Rendons à la croix
Un sincère et public hommage.

AUTRE REFRAIN.

S'il le faut, nous saurons souffrir;
Nous saurons souffrir
Plutôt qu'abjurer la loi
Du divin roi;
S'il le faut, nous saurons souffrir,
Nous saurons souffrir,
Nous saurons mourir.

Jurons haine au respect humain,
Brisons cette idole fragile;
Sur ces débris que notre main
Elève un trône à l'Evangile!
Bravons, etc.

Partout flottent les étendards
Qu'arbore à nos yeux la licence;
Déployons à tous les regards
La bannière de l'innocence.
Bravons, etc.

Tout chrétien doit être un soldat
Marchant à l'éternelle gloire;
Quand son chef le mène au combat,
Il tient en ses mains la victoire.
Bravons, etc.

Eh quoi! jamais au champ d'honneur
Vit-on pâlir le front des braves?
Et nous, sur les pas du Sauveur,
Aurions-nous l'âme des esclaves?
Bravons, etc.

Va, mécréant, je ne crains rien:
Tant qu'il coulera dans mes veines
Quelques gouttes de sang chrétien,
Tes ris, tes menaces sont vaines.
Bravons, etc.

O Jésus! jusqu'à mon trépas
A ta croix je serai fidèle,
Et si je ne triomphe pas,
Du moins je tomberai près d'elle.
Bravons, etc.

Nº 8. — MÊME SUJET.

REFRAIN.

Armons-nous, la voix du Seigneur,
Chrétiens, au combat vous appelle:
Ah! voyez, voyez qu'elle est belle
La palme promise au vainqueur! } *bis.*
Elle est si noble, elle est si belle
La palme promise au vainqueur. } *bis.*

A l'aspect de notre courage,
L'enfer a frémi de courroux;
Mille ennemis fondent sur nous,
Mais nous nous rions de leur rage.
Armons-nous, etc.

Vain fantôme, idole fragile,
Trop funeste respect humain,
Tu nous menaces, mais en vain,
Nous tous soldats de l'Evangile.
Armons-nous, etc.

Dans tes filets, ô monde impie!
Tu voudrais enlacer nos cœurs,
Empoisonner de tes erreurs
Le cours de toute notre vie.
Armons-nous, etc.

Le bonheur qu'il promet sans cesse,
Pourra-t-il le donner jamais?
Ses plaisirs ont d'amers regrets;
Sa joie est une folle ivresse.
Armons-nous, etc.

Du fond ténébreux des abîmes,
Entendez retentir ses fers;
Du cruel tyran des enfers,
Chrétiens, serons-nous les victimes?
Armons-nous, etc.

Armé de l'étendard des braves,
Jésus va précéder nos pas,
Et nous préférons les combats
Aux viles chaînes des esclaves!
Armons-nous, etc.

Non, Seigneur, la horde ennemie,
Non, ses cris de vaines fureurs
Ne sauraient amollir nos cœurs;
Nous le jurons sur notre vie!
Armons-nous, etc.

N° 9. — AVANT LA BÉNÉDICTION.

Mon doux Jésus, enfin voici le temps
De pardonner à nos cœurs pénitents;
Nous n'offenserons jamais plus
Votre bonté suprême;
Nous n'offenserons jamais plus
Votre bonté suprême,
O doux Jésus!

Puisqu'un pécheur vous a coûté si cher,
Faites-lui grâce, il ne veut plus pécher.
Ah! ne perdez pas, cette fois,

La conquête admirable,
Ah ! ne perdez pas, cette fois,
La conquête admirable
De votre croix.

Enfin, mon Dieu, nous sommes à genoux
Pour vous prier de pardonner à tous ;
Pardonnez-nous, ô Dieu clément,
Lavez-nous de nos crimes ;
Pardonnez-nous, ô Dieu clément,
Lavez-nous de nos crimes
Dans votre sang.

CANTIQUES POUR LA RÉUNION DES ENFANTS.

N° 10. — ENFANCE DE JÉSUS.

Venez, enfants, dans ce beau jour,
Offrir à Jésus votre amour ;
Venez célébrer ses bienfaits,
Et n'aimez que lui désormais.
Vive le Seigneur, notre divin Sauveur. (*bis.*)

Il veut bien m'apprendre en naissant
Que je dois être obéissant,
Plein d'innocence et de candeur,
Fidèle à prier le Seigneur.
Vive le Seigneur, notre divin Sauveur. (*bis.*)

Tout m'instruit dans cet Enfant-Dieu,
Et son respect pour le saint Lieu,
Et son zèle et sa charité,
Et sa clémence et sa bonté.
Vive le Seigneur, notre divin Sauveur. (*bis.*)

Que nous soyons dignes de vous,
O bon Jésus, bénissez-nous ;
Faites qu'avec vous dans le ciel
Notre bonheur soit éternel.
Vive le Seigneur, notre divin Sauveur. (*bis.*)

N° 11. — LE CIEL EN EST LE PRIX.

Le ciel en est le prix!
Que ces mots sont sublimes!
Des plus belles maximes
Voilà tout le précis.
Le ciel (*ter*) en est le prix,
Le ciel (*ter*) en est le prix.

Le ciel en est le prix!
Mon âme, prends courage:
Ah! si dans l'esclavage,
Ici-bas tu gémis,
Le ciel, etc.

Le ciel en est le prix!
Amusement frivole,
De grand cœur je t'immole
Aux pieds du crucifix:
Le ciel, etc.

Le ciel en est le prix!
Un rien, Seigneur, vous charme:
Que faut-il? une larme...
Qui n'en serait surpris?
Le ciel, etc.

Le ciel en est le prix!
Rends pour moi ce service...
Fais-moi ce sacrifice...
Dieu parle, j'y souscris;
Le ciel, etc.

Le ciel en est le prix!
Endurons cette injure;
L'amour-propre en murmure,
Mais tout bas il lui dit:
Le ciel, etc.

Le ciel en est le prix!
Dans l'éternel empire,
Qu'il sera doux de dire:
Tous mes maux sont finis!
Le ciel, etc.

N° 12. — PRIÈRE DES ENFANTS A SAINT JOSEPH.

Noble époux de Marie,
Digne objet de nos chants,
Notre cœur t'en supplie,
Veille sur tes enfants. (*ter.*)

Le Sauveur sur la terre
Reçut tes dons touchants;
Toi qu'il nomma son père,
Veille sur tes enfants. (*ter.*)

Au jour de la colère,
Tu ravis aux tyrans
Le Sauveur et sa mère :
Veille sur tes enfants. (*ter.*)

Toi dont l'obéissance,
En ces dangers pressants,
Devint leur providence,
Veille sur tes enfants. (*ter.*)

Toi dont la main féconde
A nourri si longtemps
Le Créateur du monde,
Veille sur tes enfants. (*ter.*)

Toi, dont la main fidèle
Soutint les pas tremblants
De la Force éternelle,
Veille sur tes enfants.

N° 13. — CANTIQUES A MARIE.

Unis aux concerts des anges,
Aimable Reine des cieux,
Nous célébrons tes louanges
Par nos chants mélodieux.
De Marie,
Qu'on publie
Et la gloire et les grandeurs !
Qu'on l'honore,
Qu'on l'implore,
Qu'elle règne sur nos cœurs !

Auprès d'elle, la nature
Est sans grâce et sans beauté ;
Les cieux mêmes, sans parure ;
L'astre du jour, sans clarté.
De Marie, etc.

C'est le lis de la vallée,
Dont le parfum précieux,
Sur la terre désolée,
Attira le Roi des cieux.
De Marie, etc.

C'est l'auguste sanctuaire
Que le Dieu de majesté
Inonda de sa lumière,
Embellit de sa beauté !
De Marie, etc.

C'est la vierge incomparable,
Gloire et salut d'Israël,
Qui, pour un monde coupable,
Fléchit le courroux du Ciel.
De Marie, etc.

C'est la Vierge, c'est Marie :
Dans ce nom que de douceur !
Nom d'une mère chérie,
Nom, doux espoir du pécheur.
De Marie, etc.

Oui, je veux, ô tendre mère,
Jusqu'à mon dernier soupir
T'aimer, te servir, te plaire,
Et pour toi vivre et mourir.
De Marie, etc.

N° 14. — MÊME SUJET.

Sion, de ta mélodie
Cesse les divins accords ;
Laisse-nous, près de Marie,
Faire éclater nos transports.

REFRAIN.

O ma mère,
Toujours chère,
Je te chante avec bonheur;
O ma mère, toujours chère,
Je t'offre en ce jour (mon cœur). (*bis.*)

La Reine que tu révères,
Ce digne objet de nos chants;
Apprends qu'elle est notre mère,
Et fais place à tes enfants.

Mais comment, de cette enceinte,
Percer la voûte des cieux?
Descends plutôt, Vierge sainte,
Et viens régner en ces lieux.

Viens, d'un exil trop sévère,
Adoucir les longs tourments;
Ta présence, auguste Mère,
Sera chère à tes enfants.

Pour toi nous sentons nos âmes
Brûler, en cet heureux jour,
Des plus innocentes flammes,
Du plus généreux amour.

Sur tes autels, ô Marie,
Tous, d'une commune voix,
Nous jurons toute la vie
D'être soumis à tes lois.

N° 15. — IMMACULÉE CONCEPTION.

Chantons la Vierge immaculée,
Chantons sa gloire et ses grandeurs,
De toute grâce elle est comblée
Pour être reine de nos cœurs.

REFRAIN. *Laudate, laudate, laudate, Mariam.*

O vous, ma sainte et tendre mère,
Que Dieu fit si pure à ses yeux,
Voyez mes combats, ma misère,
Protégez-moi du haut des cieux. *Laudate, etc.*

C'est vers vous que toute souffrance
Elève les cris du malheur,
Et c'est votre douce puissance
Qui console toute douleur. *Laudate, etc.*

C'est par vous, ô Vierge admirable,
Qu'il mit le comble à sa bonté,
Et qu'au prix d'un sang adorable
L'homme pécheur fut racheté. *Laudate, etc.*

Du haut de ce trône sublime,
Où vous plaça le Créateur,
Au fond de son affreux abîme
Daignez regarder le pécheur. *Laudate, etc.*

Dans les transports de l'allégresse
Chantons, célébrons l'heureux jour
Où l'Eternel, dans sa tendresse,
Nous donna la Mère d'amour. *Laudate, etc.*

Mais si nos voix pour vos louanges
Sont trop faibles en ce saint lieu,
Faites qu'un jour avec les anges
Nous vous chantions, Mère de Dieu. *Laudate, etc.*

Nº 16. — MÊME SUJET.

Venez, tressaillons d'allégresse
Devant l'autel du Seigneur.
Chantons, célébrons la tendresse
De la mère du Sauveur.

REFRAIN.

O Mère immaculée,
Nous sommes à genoux;
Mère d'amour consumée,
Priez, priez pour nous.

Venez, vous qui d'un monde impie
Craignez les puissants appas,
Venez, invoquez tous Marie,
Vous ne succomberez pas.
O Mère, etc.

En vain l'enfer, dans sa furie,
Frémirait autour de nous,
Quand nous invoquerons Marie,
Nous braverons son courroux.
O Mère, etc.

N° 17. — ANGELUS.

Un ange annonçant à Marie
Qu'elle enfanterait Jésus-Christ,
De la grâce elle fut remplie :
Elle conçut du Saint-Esprit.

Seigneur, voici votre servante,
Soumise à votre volonté;
Je suis en tout obéissante,
Conservez ma virginité.

Alors le Verbe, égal au Père,
Voulant habiter parmi nous,
Prit au chaste sein de sa mère
Un corps qu'il a livré pour nous.

Priez pour nous, Vierge Marie,
Priez pour nous votre cher Fils,
Afin qu'il nous donne la vie
Au ciel, comme il nous l'a promis.

N° 18. — GLOIRE A MARIE.

Bénissons en ce jour, } *bis.*
La Mère du Dieu d'amour.

Portez-la sur vos ailes,
O brûlants Séraphins !
Trônes et Chérubins,
Soyez-lui tous fidèles.
Bénissons, etc.

Sur un trône de gloire
Je la vois dans les cieux;
Que vos chants amoureux
Exaltent sa mémoire.
Bénissons, etc.

D'une palme immortelle
Ornez ses pures mains;
Sublimes Séraphins,
Rangez-vous autour d'elle.
Bénissons, etc.

Que la tendre Marie
Règne sur l'univers;
Elle a brisé nos fers,
Et nous avons la vie.
Bénissons, etc.

Que le ciel et la terre
L'honorent à la fois;
Que les sujets, les rois,
La prennent pour leur mère.
Bénissons, etc.

Que tout s'anéantisse
Aux pieds de sa grandeur.
Donnons-lui tous nos cœurs;
Que l'enfer en frémisse.
Bénissons, etc.

Sous son joug tutélaire
Nous respirons en paix,
Admirant les bienfaits
De cette aimable Mère.
Bénissons, etc.

Jetons-nous pour la vie
Dans ses bras maternels;
Entourons les autels
De la tendre Marie.
Bénissons, etc.

N° 18 bis. — SAINTE VIERGE MARIE.

REFRAIN.

Sainte Vierge Marie,
Aimable mère du Sauveur,
Je vous consacre pour la vie
L'hommage de mon cœur.

Sainte Vierge Marie,
Vous êtes la porte du ciel,
Obtenez qu'à mon agonie
J'entre en ce séjour immortel.

Sainte Vierge Marie,
Vous êtes l'Etoile des mers;
Apaisez des vents la furie,
Calmez, calmez les flots amers.

Sainte Vierge Marie,
Ah! je vois l'écueil de la mort;
Sauvez ma nacelle chérie;
Venez, et montrez-moi le port.

Sainte Vierge Marie,
La terre se tut en voyant
Le Dieu qui vous donna la vie
Dans votre sein se faire enfant.

Sainte Vierge Marie,
Voyez, voyez couler nos pleurs;
Priez pour nous dans la patrie,
Priez pour de pauvres pécheurs.

N° 19. — MARIE MÈRE DES MISÉRICORDES

Les saints et les anges,
En chœurs glorieux,
Chantent vos louanges,
O Reine des cieux!
Ave, ave, ave, Maria. (bis.)

Soyez le refuge
Du pauvre pécheur,
O Mère du juge
Qui sonde les cœurs.
Ave, etc.

Loin de la patrie
Guidez le soldat;
Protégez sa vie
Au jour du combat.
Ave, etc.

De sa tendre mère
Calmez les soucis ;
En vous elle espère,
Rendez-lui son fils.
Ave, etc.

Vous, de l'innocence
L'aimable soutien,
Prenez la défense
Du pauvre orphelin.
Ave, etc.

Du pauvre qui pleure
Exaucez les vœux ;
A sa dernière heure
Montrez-lui les cieux.
Ave, etc.

N° 20. — CONFIANCE A MARIE.

REFRAIN.

Je mets ma confiance,
Vierge, en votre secours ;
Servez-moi de défense,
Prenez soin de mes jours ;

Et quand ma dernière heure
Viendra fixer mon sort,
Obtenez que je meure
De la plus sainte mort.

A votre bienveillance,
O Vierge, j'ai recours ;
Soyez mon assistance
En tous lieux et toujours ;

Vous-même êtes ma mère ;
Jésus est votre fils ;
Portez-lui la prière
De vos enfants chéris.

Sainte Vierge Marie,
Asile des pécheurs,
Prenez part, je vous prie,
A mes justes frayeurs :

Vous êtes mon refuge;
Votre fils est mon roi;
Mais il sera mon juge,
Intercédez pour moi.

Ah! soyez-moi propice
Quand il faudra mourir;
Apaisez sa justice,
Je crains de la subir.

Mère pleine de zèle,
Protégez votre enfant,
Je vous serai fidèle
Jusqu'au dernier moment.

N° 21. — CONSÉCRATION A MARIE.

Adressons notre hommage
A la Reine des cieux;
Elle aime de notre âge
Et les chants et les vœux.

REFRAIN.

Marie est notre mère,
Nous sommes ses enfants;
Consacrons à lui plaire
Et nos cœurs et nos chants. } *bis.*
Jurons tous, jurons tous
En ce jour, en ce jour
De l'aimer, de l'aimer toujours. (*bis.*)
Toujours, toujours
Tu seras notre mère,
Toujours, toujours
Nous serons tes enfants. } *bis.*

Tout ici parle d'elle,
Son nom règne en ces lieux;
Nous croissons sous son aile,
Nous vivons sous ses yeux.

O Vierge sainte et pure,
Notre cœur, en ce jour,
Vous promet et vous jure
Un éternel amour.

Du beau nom de Marie
Faisons tout retentir,
Qu'elle-même, attendrie,
Daigne nous applaudir.

N° 22. — UNE COURONNE A MARIE.

Pourquoi cette vive allégresse
Qui brille sur nos fronts joyeux ?
Pourquoi ces nouveaux chants d'ivresse
Dont retentissent ces beaux lieux ?
Enfants d'une mère chérie,
Pour fêter ce jour vénéré,
Portons nos tributs à Marie,
Au pied de son trône sacré.

CHŒUR. Vierge, reçois cette couronne,
Fais qu'elle soit le gage heureux
De celle qu'auprès de ton trône } *bis.*
Tu nous réserves dans les cieux. }

Pour la gloire de votre Reine
Quittant vos sacrés pavillons,
Autour de votre souveraine,
Anges, rangez vos bataillons.
Le front incliné vers la terre,
Mêlez votre amour et vos chants
A ceux que, pour leur tendre mère,
Font éclater tous ses enfants.
Vierge, reçois, etc.

Et vous, ornement de la terre,
Croissez, croissez, charmantes fleurs ;
C'est pour le front de votre mère
Que nous destinons vos couleurs.
Vierge, ici-bas, pour ta couronne,
Les fleurs nous offrent leurs présents ;
Fais qu'un jour, auprès de ton trône,
Ta couronne soit tes enfants.
Vierge, reçois, etc.

Hélas ! de la saison nouvelle
Les fleurs ne bravent point le temps,

Mais les dons d'une âme fidèle
Durent plus que leur doux printemps.
De tes vertus, ô Vierge pure,
Si tu daignes nous revêtir,
Rien ne flétrira la parure
Dont tu sauras nous embellir.
Vierge, reçois, etc.

Marie, aimable protectrice,
Sur tes enfants jette les yeux,
Vers eux étends ta main propice,
Et prête l'oreille à leurs vœux.
Nous demandons tous l'espérance,
De la foi le précieux don;
L'innocent, la persévérance,
Et le coupable, son pardon.
Vierge, reçois, etc.

N° 23. — CANTIQUES POUR LA COMMUNION.

Tu vas remplir le vœu de ma tendresse,
Divin Jésus, tu vas me rendre heureux :
O saint transport! délicieuse ivresse!
Dans ce moment mon âme est toute en feu.

REFRAIN.

Mon cœur s'enflamme,
Ne tarde plus,
Viens dans mon âme,
O mon divin Jésus!

Divin Epoux, ah! descends dans mon âme,
Fais de ce jour le plus beau de mes jours;
Que tout en moi se ranime et s'enflamme;
Divin Epoux, je t'aimerai toujours.

De tes attraits qui pourrait se défendre,
O Dieu charmant, le meilleur des amis;
De toi je veux désormais tout attendre,
Me rappelant ce que tu m'as promis.

Il est en moi, ce Dieu si plein de charmes!
Mon bien-aimé, mon aimable Sauveur!
Echappez-vous de mes yeux, douces larmes,
Coulez, coulez, annoncez mon bonheur.

N° 24.— DOUX EFFETS DE LA SAINTE COMMUNION.

Qu'ils sont aimés, grand Dieu ! tes tabernacles,
Qu'ils sont aimés et chéris de mon cœur !
Là, tu te plais à rendre tes oracles ;
La foi triomphe et l'amour est vainqueur.

Qu'il est heureux celui qui te contemple
Et qui soupire aux pieds de tes autels !
Un seul instant qu'on passe dans ton temple
Vaut mieux qu'un siècle aux palais des mortels.

Je nage au sein des plus pures délices,
Le ciel entier, le ciel est dans mon cœur.
Dieu de bonté, de faibles sacrifices
Méritaient-ils cet excès de bonheur ?

Autour de moi les anges en silence
D'un Dieu caché contemplent la splendeur.
Anéantis en sa sainte présence,
O Chérubins, enviez mon bonheur.

Monde enchanteur, tu ne saurais me plaire ;
Fuis loin de moi, tu m'es trop odieux ;
Rien de mortel ne peut me satisfaire :
Tout mon amour est pour le Roi des cieux.

Divin Sauveur, objet seul plein de charmes,
Ah ! demeurez, ne vous éloignez pas :
Vivre sans vous dans ce séjour de larmes,
Serait pour moi plus dur que le trépas.

N° 25. — MÊME SUJET.

L'encens divin embaume cet asile,
Quel doux concert, quels chants mélodieux !
Mon cœur se tait et mon âme est tranquille ;
La paix du ciel habite dans ces lieux.

REFRAIN.

Divin Jésus, ô tendre père !
Dans ce pain mystérieux,
Anéanti, je te révère,
Viens, viens me rendre heureux.

Une voix : Il est dans mon cœur,
Tous : Ce divin Sauveur ;
Une voix : Il comble mes vœux,
Tous : Il me rend heureux. Divin Jésus, etc.

Pour embellir le temple de mon âme,
Le Très-Haut daigne y fixer son séjour :
Je le possède, il m'inspire, il m'enflamme ;
Je l'ai trouvé, je l'aime sans retour.

Je vous adore au dedans de moi-même,
Je vous contemple à l'ombre de la foi ;
O Dieu ! mon tout ! ô Majesté suprême !
Je ne vis plus, mais Jésus vit en moi.

Que vous rendrai-je, ô Sauveur plein de charmes !
Pour tous les dons que j'ai reçus de vous ;
Prenez mon cœur et recueillez mes larmes,
Double tribut dont vous êtes jaloux.

Je l'ai juré, je vous serai fidèle,
Je vous promets un immortel amour,
Tant qu'à la nuit une aurore nouvelle
Succèdera pour ramener le jour.

Ah ! que ma langue, immobile et glacée,
En ce moment s'attache à mon palais,
Si de mon cœur s'efface la pensée
De votre amour comme de vos bienfaits.

N° 26. — PENDANT LA COMMUNION.

REFRAIN.

Le voici l'Agneau si doux,
Le vrai pain des anges,
Du ciel il descend pour nous.
Adorons-le tous.

C'est un tendre père,
C'est le bon Pasteur,
C'est l'ami sincère,
C'est notre Sauveur.
Le voici, etc.

Par toi, saint mystère
Objet de ma foi,
Je crois, je révère
Mon Maître et mon Roi.
Le voici, etc.

De mon espérance
Gage précieux,
Viens par ta présence
Combler tous mes vœux.
Le voici, etc.

De ta vive flamme,
Feu du saint amour,
Consume mon âme
En cet heureux jour.
Le voici, etc.

Mais de ma misère,
Dieu de sainteté,
Que l'aveu sincère
Touche ta bonté.
Le voici, etc.

Epoux de mon âme,
Entends mes soupirs;
Mon cœur te réclame,
Remplis mes désirs.
Le voici, etc.

Ma foi, qui t'implore,
Dieu de majesté,
Dans mon cœur adore
Ta divinité.
Le voici, etc.

O mon divin Maître!
Comment à jamais
Pouvoir reconnaître
Un si grand bienfait.
Le voici, etc.

Des saints et des anges
Je t'offre en retour
Les vives louanges,
L'hommage et l'amour.
Le voici, etc.

Fais que, par ta grâce,
O mon doux Sauveur!

Rien ne te remplace
Au fond de mon cœur.
Le voici, etc.

T'aimer et te suivre,
C'est tout mon désir;
Pour toi je veux vivre,
Et pour toi mourir.
Le voici, etc.

Sainte Eucharistie,
Tu seras toujours
Mes vœux, mon envie,
Mes plus purs amours.
Le voici, etc.

N° 27. — ADORATION.

Devant ton sanctuaire,
Seigneur, ô tendre Père,
Nous déclarons la guerre
Au monde, à ses appas.
Soutiens notre faiblesse,
Qu'un regard de tendresse
Nous invite et nous presse
A marcher sur tes pas
Toujours! toujours!
Devant ton sanctuaire,
Seigneur, ô tendre Père,
Nous déclarons la guerre
Au monde, à ses appas.
A toi, à toi toujours, à toi jusqu'au trépas! (*bis.*)

Non, non, toute la terre
Ne peut me satisfaire;
Rien ne saurait me plaire
Sans Jésus mon amour.
Il est mon héritage,
A son joug je m'engage;
Je l'aime sans partage,
Je l'aimerai toujours,
Toujours! toujours!
Non, non, toute la terre, etc.
A toi, à toi toujours, à toi jusqu'au trépas! (*bis.*)

N° 28. — AVANTAGES DE LA FERVEUR.

Goûtez, âmes ferventes,
Goûtez votre bonheur;
Mais demeurez constantes
Dans votre sainte ardeur.

REFRAIN.

Heureux le cœur fidèle
Où règne la ferveur!
Il possède avec elle
Tous les dons du Seigneur. (*bis.*)

Elle est le vrai partage
Et le sceau des élus;
Elle est l'appui, le gage
Et l'âme des vertus.
Heureux, etc.

Par elle la foi vive
S'allume dans les cœurs,
Et sa lumière active
Guide et règle nos mœurs.
Heureux, etc.

Par elle l'espérance
Ranime nos soupirs,
Et croit jouir d'avance
Des célestes plaisirs.
Heureux, etc.

Par elle dans les âmes
S'accroît, de jour en jour,
L'activité des flammes
Du pur et saint amour.
Heureux, etc.

C'est sa vertu puissante
Qui garantit nos sens
De l'amorce attrayante
Des plaisirs séduisants.
Heureux, etc.

C'est sous sa vigilance
Que l'esprit et le cœur
Gardent leur innocence
Et souvent leur pudeur.
  Heureux, etc.

C'est elle qui de l'âme
Dévoile la grandeur,
Et le zèle s'enflamme
Par sa vive chaleur.
  Heureux, etc.

De l'âme pénitente
Elle adoucit les pleurs,
Et de l'âme souffrante
Elle éteint les douleurs.
  Heureux, etc.

N° 29. — L'AMOUR DE DIEU.

REFRAIN.

De tous les biens que tu nous donnes,
Le seul qui puisse nous charmer,
Ce n'est ni l'or ni les couronnes,
Mon Dieu, c'est le don de t'aimer. (*bis.*)

A tes attraits c'est faire outrage
Que de vouloir se partager;
C'est donc à toi que je m'engage
Aujourd'hui pour ne plus changer.

Jouet d'une fausse sagesse,
Je courais au dernier malheur;
Mais enfin de ma folle ivresse
Ta grâce a dissipé l'erreur.

Allez, allez, beautés du monde,
Tous vos appas sont superflus;
C'est sur mon Dieu que je me fonde:
D'autres biens ne me touchent plus.

Dans cet exil rien n'est durable,
Et tout y doit finir son cours.
Dieu seul est à jamais aimable;
C'est lui que j'aimerai toujours.

Dieu de mon cœur, oui, je l'atteste,
Dans ce jour j'embrasse ta loi;
A tes pieds je jure et proteste
De ne plus vivre que pour toi.

N° 30. — ACTION DE GRACES.

Bénissons à jamais
Le Seigneur dans ses bienfaits. } *bis.*

Bénissez-le, saints anges,
Louez sa majesté,
Rendez à sa bonté
Mille et mille louanges.
Bénissons, etc.

C'est un bien tendre père,
Plein de bonté pour nous;
Il nous supporte tous,
Malgré notre misère.
Bénissons, etc.

Comme un pasteur fidèle,
Sans craindre le travail,
Il ramène au bercail
Une brebis rebelle.
Bénissons, etc.

Il a brisé ma chaîne;
Il est mon protecteur;
Et comme un doux Sauveur,
Il soulage ma peine.
Bénissons, etc.

Il a guéri mon âme,
Comme un bon médecin;
Comme un flambeau divin,
Il m'éclaire, il m'enflamme.
Bénissons, etc.

Il me comble à toute heure
De grâce et de faveur;

Dans le fond de mon cœur
Il a pris sa demeure.
Bénissons, etc.

Sa bonté me supporte,
Sa lumière m'instruit;
Sa douceur me ravit,
Son amour me transporte.
Bénissons, etc.

Son cœur sera sans cesse
Ma force et mon appui;
Je me consacre à lui;
Son tendre amour me presse.
Bénissons, etc.

Ma devise chérie,
Ma gloire et mon bonheur,
Seront d'être au Seigneur
Pendant toute ma vie.
Bénissons, etc.

Dieu seul est ma tendresse,
Dieu seul est mon soutien,
Dieu seul est tout mon bien,
Ma vie et ma richesse.
Bénissons, etc.

N° 31. — PLANTATION DE LA CROIX.

Aimons Jésus pour nous en croix;
N'est-il pas bien juste qu'on l'aime,
Puisqu'en expirant sur ce bois,
Il nous aima plus que lui-même?

REFRAIN.

Chrétiens, chantons à haute voix : } *bis.*
Vive Jésus, vive sa croix. }

Gloire à cette divine croix;
Le Sauveur l'ayant épousée,
Elle n'est plus comme autrefois
Un objet d'horreur, de risée.
Chrétiens, etc.

Gloire à cette divine croix,
Arbre dont le fruit salutaire
Répare le mal qu'autrefois
Fit le péché du premier père.
Chrétiens, etc.

Gloire à cette divine croix;
C'est l'étendard de sa victoire;
Par elle il nous donna ses lois,
Par elle il entra dans sa gloire.
Chrétiens, etc.

Gloire à cette divine croix,
De tous nos biens source féconde,
Qui dans le sang du Roi des rois
A lavé les péchés du monde.
Chrétiens, etc.

Gloire à cette divine croix,
La chaire de son éloquence,
Où, me prêchant ce que je crois,
Il m'apprend tout par son silence.
Chrétiens, etc.

Gloire à cette divine croix;
Ce n'est pas le bois que j'adore;
Mais c'est mon Sauveur sur ce bois
Que je révère et que j'implore.
Chrétiens, etc.

Gloire à cette divine croix;
Prenons-la pour notre partage :
Ce juste, cet aimable choix
Conduit au céleste héritage.
Chrétiens, etc.

N° 32. — POUR L'AVENT.

Venez, divin Messie,
Sauvez nos jours infortunés;
Venez, source de vie,
Venez, venez, venez.

Ah! descendez, hâtez vos pas,
Sauvez les hommes du trépas,
Secourez-nous, ne tardez pas,
Pour nous livrer la guerre,
Tous les enfers sont déchaînés ;
Descendez sur la terre.
Venez, venez, venez.
Venez, etc.

Que nous souffrons de maux divers !
L'affreux démon nous tient aux fers,
Il veut nous conduire aux enfers !
Vous voyez l'esclavage
Où vos enfants sont condamnés ;
Conservez votre ouvrage.
Venez, venez, venez.
Venez, etc.

Eclairez-nous, divin flambeau !
Parmi les ombres du tombeau,
Faites briller un jour nouveau.
Au plus cruel supplice
Nous auriez-vous abandonnés ?
Ah ! soyez-nous propice.
Venez, venez, venez.
Venez, etc.

Que nos soupirs soient entendus !
Les biens que nous avons perdus
Ne nous seront-ils point rendus ?
Voyez couler nos larmes,
Grand Dieu ! si vous nous pardonnez,
Nous n'aurons plus d'alarmes.
Venez, venez, venez.
Venez, etc.

Si vous venez en ces bas lieux,
Nous vous verrons victorieux,
Fermer l'enfer, ouvrir les cieux.
Nous l'espérons sans cesse :
Les cieux nous furent destinés ;
Tenez votre promesse.
Venez, venez, venez.
Venez, etc.

Ah! puissions-nous chanter un jour
Dans votre bienheureuse cour
Et votre gloire et votre amour!
C'est là l'heureux partage
De ceux que vous prédestinez;
Donnez-nous-en le gage.
Venez, venez, venez.
Venez, etc.

Magnificat — anima mea Dominum,
Et exsultavit spiritus meus — in Deo salutari meo.
Quia respexit humilitatem ancillæ suæ, — ecce enim ex hoc beatam me dicent omnes generationes.
Quia fecit mihi magna qui potens est, — et sanctum nomen ejus.
Et misericordia ejus a progenie in progenies — timentibus eum.
Fecit potentiam in brachio suo, — dispersit superbos mente cordis sui.
Deposuit potentes de sede, — et exaltavit humiles.
Esurientes implevit bonis, — et divites dimisit inanes.
Suscepit Israel puerum suum, — recordatus misericordiæ suæ.
Sicut locutus est ad patres nostros, — Abraham et semini ejus in sæcula.

Ave, maris stella,
Dei mater alma,
Atque semper virgo
Felix cœli porta.

Sumens illud ave
Gabrielis ore,
Funda nos in pace,
Mutans Evæ nomen.

Monstra te esse Matrem.
Sumat per te preces
Qui pro nobis natus,
Tulit esse tuus.

Virgo singularis,
Inter omnes mitis.
Nos culpis solutos
Mites fac et castos.

Solve vincla reis,
Profer lumen cæcis,
Mala nostra pelle,
Bona cuncta posce.

Vitam præsta puram,
Iter para tutum,
Ut videntes Jesum,
Semper collætemur.

Sit laus Deo Patri,
Summo Christo decus,
Spiritui sancto,
Tribus honor unus.
Amen.

Inviolata, integra et casta es, Maria,
Quæ es effecta fulgida cœli porta.
O Mater alma, Christi carissima!
Suscipe pia laudum præconia.
Nostra ut pura pectora sint et corpora,
Te nunc flagitant devota corda et ora.
Tua per precata dulcisona,
Nobis concedas veniam per sæcula.
O benigna! ô Regina! ô Maria!
Quæ sola inviolata permansisti.

FIN.

TABLE DES MATIÈRES.

Tours. — Impr. Mame.

MOYENS DE PERSÉVÉRANCE

APRÈS LES MISSIONS ET LES RETRAITES

(La Persévérance étant la chose la plus nécessaire, il faut prendre tous les moyens possibles pour l'assurer. Le meilleur de tous est de suivre toujours un Règlement de vie. En voici les points principaux : il sera bon de s'accuser en confession si l'on y manque.)

Pratiques pour tous les jours. — I. *Le matin.* Se lever à une heure fixe, et s'habiller toujours avec modestie. Ne jamais sortir de sa chambre sans s'être mis à genoux, et si l'on n'a pas le temps de faire une longue prière, la faire plus courte, mais ne jamais manquer de faire l'*Examen de prévoyance* pour bien passer la journée, et la *Méditation*, qui consiste : 1° à réfléchir quelque temps devant Dieu ; 2° à s'exciter à l'aimer de plus en plus ; 3° à prendre une résolution ferme et pratique. *Donnez-moi un quart d'heure de méditation par jour, et je vous promets le ciel.* (Sainte Thérèse.) — Entendre ensuite la sainte Messe, et si l'on ne peut aller à l'église, s'unir d'intention avec le prêtre et prier de cœur comme si l'on y était. (*Une seule Messe, quel trésor !!!*)

II. *Pendant la journée.* Fuir l'oisiveté et s'occuper toujours à un travail utile. Offrir son travail à Dieu, et se tenir toujours et partout en sa sainte présence. Se recueillir quelques instants avant l'*Angelus* pour *l'examen particulier.*

III. *Le soir.* Faire la *visite au saint Sacrement*; si l'on ne peut se rendre à l'église, la faire à la maison. Réciter au moins une partie du *chapelet*, faire une *lecture de piété* et la *prière* en famille autant que possible. *Examiner sa conscience* et se coucher avec modestie en pensant à la mort.

Pratiques générales : 1° Être bien réglé pour les confessions et communions ; ne les omettre jamais. — Eviter la sensualité et toute dépense folle et inutile afin de secourir les *pauvres* et les *malades* et d'encourager les *bonnes œuvres.* — Ne parler jamais mal de personne. — Fuir le monde, et ne lire aucun livre qui ne soit excellent. (*Le nombre d'âmes que les mauvaises lectures, le luxe, les bals et le théâtre perdent tous les jours est incalculable.*)

2° Entrer dans les Congrégations et Sociétés établies dans la Paroisse, et être fidèle à leurs règles et à leurs réunions.

3° Enfin se rappeler que la vie chrétienne est renfermée tout entière dans ces trois mots : *prier, se taire* et *souffrir ;* mais après cette vie, le ciel !

www.ingramcontent.com/pod-product-compliance
Ingram Content Group UK Ltd.
Pitfield, Milton Keynes, MK11 3LW, UK
UKHW021026200726
13857UKWH00004B/1623

9 782012 839069